LISTE GÉNÉRALE DE NOSSEIGNEURS DU PARLEMENT DE BRETAGNE,

Depuis ſon Érection en 1554. juſqu'en 1754.

IMPRIMÉE PAR ORDRE DU PARLEMENT.

A RENNES,

Chez GUILLAUME-FRANÇOIS VATAR, Imprimeur ordinaire du Roi, du Parlement & du Droit, coin du Palais à la Palme d'Or.

M. DCC. LIV.

LISTE DE *NOSSEIGNEURS* DU PARLEMENT *DE BRETAGNE,*

DEPUIS SON ÉRECTION EN *1554.* JUSQU'EN *1754.*

PREMIERS PRÉSIDENS

MESSIRES,

4. Février 1554.
René Baillet, de Seaulx.

1. Mars 1556.
André Guillard, de Lisle.

MESSIRES,

25. Février 1570.

René de Bourgneuf, de Cucé.

27. Avril 1587.

Claude de Faucon, de Riis.

23. Janvier 1597.

Jean de Bourgneuf.

6. Juin 1636.

Henry de Bourgneuf, d'Orgères. *Il fut reçu & prêta le ferment le 13. Mai 1622. mais il ne prit place que le 6. Juin 1636.*

28. Mai 1661.

François d'Argouges, du Pleffix-Patté.

27. Août 1677.

Louis Phelypeaux, *depuis Chancelier.*

16. Juillet 1687.

René le Feuvre, de la Faluère.

16. Juin 1703.

Pierre de Brilhac, de Gençay.

18. Août 1734.

Antoine-Arnaud de Labriffe, d'Amilly.

PRÉSIDENS A MORTIER

MESSIRES,

2. Août 1554.

Julien de Bourgneuf, II. Président.
André Guillard, IV. Président.

4. Février 1554.

François Crespin, du Gaste, III. Président.

13. Avril 1556.

François Calon, *reçu Conseiller le 23. Août 1554.*

27. Octobre 1558.

Charles le Frere, *reçu Conseiller le 4. Février 1554.*

23. Février 1568.

Pierre Brulon, de Baumont & de la Musse, Président Originaire, *fait Conseiller du Privé Conseil du Roi.*

28. Mars 1569.

Jacques Lucas.

4. Avril 1570.

René Crespin, *reçu Conseiller le 10. Février 1556.*

1. Septembre 1573.

Guillaume de Lesrat.

17. Août 1574.

Jean Rogier.

21. Février 1577.

Louis Braillon, *reçu Conseiller le 9. Février 1554.*
Jacques Barrin, *reçu Conseiller le 11. Août 1564.*

16. Août 1581.

François Harpin de Marigné, *fait Conseiller d'Etat, reçu Conseiller le 10. Mars 1568.*

MESSIRES,

21. Août 1581.

Jean Vetus, Maître des Requêtes, *fait Conſeiller d'Etat, reçu Conſeiller le 3. Août 1571.*

26. Avril 1585.

Louis Dodieu, *reçu Conſeiller le 2. Octobre 1571.*

11. Août 1587.

Pierre Carpentier.

8. Novembre 1593.

Chriſtophle Fouquet, *fait Conſeiller d'État.*

15. Mars 1594.

Olivier du Châtellier, de la Haultais, *fait Conſeiller d'État, reçu Conſeiller le 6. Mars 1577.*

17. Mai 1596.

Iſaac Loaiſel, de Brys, *reçu Conſeiller le 11. Août 1586.*

27. Avril 1598.

Jacques de Launay, *reçu Conſeiller le 7. Mars 1571.*

18. Juillet 1601.

Nicolas le Roux.

4. Novembre 1602.

Paul Hay, des Neſtumières, *reçu Conſeiller le 19. Septembre 1584.*

10. Mars 1603.

François Rogier, de Villeneuve, *ci-devant Procureur Général, fait Conſeiller d'Etat.*

28. Novembre 1607.

René le Meneuſt, *reçu Conſeiller le 13. Janvier 1693.*

10. Septembre 1609.

Bernard Potier.

MESSIRES,

20. Août 1611.

André Potier, *reçu Conseiller le 12. Janvier 1607.*

25. Mai 1618.

Julien Gedoüin, *reçu Conseiller le 2. Septembre 1609.*

25. Septembre 1618.

Claude de Marbeuf, de la Pilletière & de Blaison, *fait Conseiller d'Etat, reçu Conseiller le 7. Avril 1606.*

15. Janvier 1620.

René d'Amphairnel, *fait Conseiller d'État.*

21. Juillet 1620.

Pierre du Bouchet.

14. Février 1622.

Yves Rocquel, du Bourgblanc, *reçu Conseiller le 22. Septembre 1612.*

14. Octobre 1625.

Jean Rogier, *reçu Conseiller le 7. Décembre 1618.*

14. Octobre 1631.

Christophle Fouquet, *ci-devant Procureur Général, reçu Conseiller le 14. Juin 1617.*

3. Août 1632.

Pierre Bonnier, *reçu Conseiller le 1. Octobre 1616.*

23. Décembre 1633.

Guy le Meneust, *reçu Conseiller le 29. Novembre 1624.*

7. Mars 1635.

François Loaisel, *reçu Conseiller & Commissaire le 13. Août 1633.*

MESSIRES,

2. Janvier 1640.

Pierre de Cornulier, de la Touche, *reçu Conſeiller le 15. Mai 1630.*

16. Janvier 1643.

François de Marbeuf, *reçu Conſeiller & Commiſſaire le 14. Août 1632.*

25. Septembre 1645.

Claude de Marbeuf, de Laillé, *reçu Conſeiller le 22. Décembre 1643.*

20. Décembre 1647.

Gabriel Freſlon, *reçu Conſeiller le 19. Août 1633.*

13. Juin 1653.

Jean du Boisgeſlin, de Meſneuf, *reçu Conſeiller le 31. Décembre 1644. fait Conſeiller d'Etat.*

5. Février 1656.

Chriſtophle Fouquet, *reçu Conſeiller le 5. Juillet 1653. fait Conſeiller d'Etat.*

17. Octobre 1656.

Pierre Bonnier, de la Cocquerie, *reçu Conſeiller & Commiſſaire le 27. Septembre 1652.*

22. Octobre 1657.

Claude de Cornulier. *Il ne prit place que le 16. Septembre 1661.*

29. Décembre 1674.

François de Montigny, *ci-devant Avocat Général.*

5. Novembre 1678.

Charles-Marie le Meneuſt, *reçu Conſeiller le 28. Juin 1674.*

MESSIRES,

21. Juillet 1679.

Joſeph Bidé, de la Grandville.

17. Août 1680.

Pierre de Chertemps.

18. Juin 1687.

Vincent Exupere de Larlan, de la Nitre, *reçu Conſeiller le 13. Août 1653.*

9. Septembre 1687.

Gabriel du Boisgeſlin, *reçu Conſeiller le 15. Juillet 1678.*

6. Mai 1690.

Guillaume de Marbeuf, *reçu Conſeiller le 14. Janvier 1678.*

20. Octobre 1692.

Jean-Baptiſte de Larlan, de Kercadio, *reçu Conſeiller le 21. Juillet 1688.*

7. Juin 1695.

Touſſaint de Cornulier, *reçu Conſeiller & Commiſſaire le 10. Juillet 1682.*

10. Juin 1695.

Antoine-René le Feuvre, de la Faluère, *reçu Conſeiller le 16. Janvier 1688.*

27. Septembre 1696.

Jean-François Bonnier, de la Cocquerie.

5. Janvier 1700.

René le Preſtre, de Lézonet.

12. Juin 1703.

François de la Bourdonnaye, de Liré, *reçu Conſeiller le 25. Juin 1687.*

MESSIRES,

25. Septembre 1703.

Jean-Baptiste de Chertemps, de Seuil, *reçu Conseiller le 15. Décembre 1690.*

14. Août 1706.

Paul de Robien, *reçu Conseiller le 12. Octobre 1684.*

24. Avril 1711.

Jacques-Renault de la Bourdonnaye, de Bloſſac, *reçu Conseiller & Commissaire le 24. Décembre 1686.*

20. Mai 1713.

Charles-François-Claude de Marbeuf, du Guay, *reçu Conseiller le 12. Août 1692.*

1. Juillet 1716.

Thomas de Robien, de Kerambourg, *reçu Conseiller le 29. Décembre 1696.*

27. Septembre 1717.

François-Julien de Larlan, de Kercadio, de Rochefort, *reçu Conseiller le 12. Avril 1715.*

29. Mai 1722.

Louis-Gabriel de la Bourdonnaye, de Bloſſac, *en survivance de M. son pere, reçu Conseiller & Commissaire le 14. Août 1713.*

12. Novembre 1723.

Louis-François-Joseph de Langle, de Kermorvan, *reçu Conseiller le 29. Décembre 1696.*

François-Joseph le Meilleur, de Larré, *reçu Conseiller le 5. Mai 1722.*

MESSIRES,

28. Juin 1724.

Jacques-René le Preſtre, de Châteaugiron, *reçu Conſeiller le 27. Novembre 1715.*

24. Octobre 1724.

Chriſtophle-Paul de Robien, *reçu Conſeiller le 17. Mai 1720.*

20. Novembre 1724.

Claude-François-Marie de Marbeuf, *reçu Conſeiller le 5. Mai 1722.*

4. Décembre 1727.

Charles-René de Cornulier, *reçu Conſeiller & Commiſſaire le 29. Mars 1715.*

24. Janvier 1730.

Renaud-Gabriel du Boiſgeſlin, de Cucé, *en ſurvivance de M. ſon pere, reçu Conſeiller & Commiſſaire le 5. Mai 1722.*

16. Mai 1730.

Jean-Baptiſte-Joſeph de Francheville, *reçu Avocat Général le 28. Juin 1715.*

7. Mai 1738.

Louis-Jean-François de Langle, de Beaumanoir, *reçu Conſeiller le 12. Janvier 1724.*

14. Août 1738.

René-Claude-Marie de Montbourcher, de la Maignane, *reçu Préſident aux Enquêtes le 18. Août 1728. & Conſeiller le 28. Mai 1725.*

18. Novembre 1738.

Touſſaint de Cornulier, de Boismaqueau, *reçu Préſident aux Enquêtes le 5. Mars 1736.*

MESSIRES,

26. Juillet 1740.

Claude-Marie de Langle, de Coëtuhan, *reçu Conſeiller le 28. Avril 1724.*

16. Février 1750.

Pierre-Joſeph de Francheville, *en ſurvivance de M. ſon pere, reçu Conſeiller & Commiſſaire le 13. Mars 1741.*

13. Avril 1750.

Paul-Chriſtophle-Céleſte de Robien, *reçu Conſeiller & Commiſſaire le 21. Janvier 1750.*

PRÉSIDENS DES ENQUÊTES.

MESSIEURS,

5. Août 1557.

Philibert Barjot.

8. Août 1558.

Jean Burdelot.

4. Février 1558.

Jacques Bouju.

14. Mars 1558.

Claude-Angebert Phyrus.

9. Septembre 1559.

Philibert Barjot.

13. Août 1560.

Hierôme Auroulx.

18. Août 1562.

Jean Foulé.

10. Février 1563.

Euſtache de la Porte.

4. Août 1563.

Étienne Fumée.

7. Février 1569.

Nicolas Allixant.

26. Octobre 1570.

Jean Fouquault.

MESSIEURS,

6. Septembre 1571.

Jacques Barrin.

7. Mars 1572.

Jean Bonvoisin.

3. Août 1577.

Jean de Mezangé.

4. Septembre 1587.

Jacques Bertaud, de la Guitonière.

24. Novembre 1595.

Alain du Poulpry.

4. Mai 1596.

Pierre de la Guette.

8. Août 1597.

Pierre Bonnier.

2. Janvier 1598.

Felix le Gras.

19. Juillet 1602.

Charles d'Argentré.

22. Décembre 1604.

Luc Godart.

6. Février 1617.

François le Feuvre.

14. Juin 1617.

Julien Gedoüin.

MESSIEURS,

7. Juillet 1618.

Marc le Duc, *reçu Avocat Général le 30. Juin 1607.*

15. Juillet 1619.

Yves Roquel.

Jean le Veyer, *ou* Vayer.

29. Décembre 1622.

Michel Deſpinoze.

15. Janvier 1625.

Louis Caſſet.

6. Avril 1637.

Jean de la Porte.

20. Juillet 1637.

Claude de Viſdelou.

2. Mai 1642.

Jacques Buſnel, *reçu Avocat Général le 28. Juin 1630.*

4. Avril 1644.

Louis Boju.

30. Décembre 1652.

Jean-Baptiſte Bec-de-Lievre, *reçu Conſeiller le 12. Janvier 1649.*

27. Septembre 1655.

Julien de Larlan, de Penhair, *reçu Conſeiller le 13. Janvier 1649.*

MESSIEURS,

28. Avril 1656.

Yves de Tanouarn, du Bourgblanc, *reçu Conseiller & Commissaire le 22. Mai 1643.*

10. Décembre 1657.

Claude Jegou, de Kerjan, *reçu Conseiller le 2. Décembre 1656.*

4. Août 1659.

François Fouquet de la Bouchevolière.

20. Mars 1663.

Yves Sanguin, *reçu Conseiller le 17. Novembre 1656.*

16. Juillet 1676.

Julien de la Corbinaye, *reçu Conseiller & Commissaire le 11. Juillet 1664.*

15. Mai 1679.

Pierre de Saint Pern, *reçu Conseiller le 4. Juillet 1664.*

21. Août 1681.

René de la Bigotière, *reçu Conseiller le 4. Septembre 1665.*

20. Février 1683.

Pierre de Bragelogne.

28. Avril 1692.

Maurice de Guichardy, de Martigné, *reçu Conseiller le 16. Février 1685.*

23. Avril 1698.

René du Plessix, de Grenedan.

MESSIEURS,

21. Juillet 1702.

François-Pierre de l'Eſcu, *reçu Conſeiller & Commiſſaire le 21. Août 1693.*

16. Mars 1703.

Claude-François de Marbeuf, *reçu Conſeiller le 12. Août 1692.*

21. Mars 1707.

René-François de Viſdelou, de Bienaſſis, *reçu Conſeiller le 24. Décembre 1698.*

23. Mars 1707.

Gabriel-René de Montbourcher, de la Maignanne, *reçu Conſeiller le 19. Juillet 1692.*

15. Février 1710.

Charles-Éliſabeth Boterel de Bédée, *reçu Conſeiller le 21. Mai 1703.*

26. Avril 1713.

Yves-Marie de la Bourdonnaye, de Cordemais, *reçu Conſeiller & Commiſſaire le 10. Avril 1699.*

14. Décembre 1722.

Maurice de Guichardy, de Martigné.

27. Septembre 1724.

Gabriel-Marc de Lys, de Beaucé.

18. Août 1728.

Louis-Gilles de l'Eſcu, de Runefaou, *reçu Conſeiller le 29. Novembre 1723.*

Joſeph-François-Marie Boileſve, de Chambalan, *reçu Conſeiller le 28. Avril 1724.*

MESSIEURS,

18. Août 1728.

René-Claude-Marie de Montbourcher, de la Maignanne, *reçu Conſeiller le 28. Mai 1725.*

7. Juillet 1730.

Louis-Charles-Marie de la Bourdonnaye, de Montluc, *reçu Conſeiller le 6. Avril 1729.*

5. Mars 1736.

Touſſaint de Cornulier, de Boiſmaqueau.

9. Décembre 1738.

René-Joſeph-Fiacre Saliou, de Chef-du-Bois, *reçu Conſeiller le 5. Avril 1726.*

Charles-Pierre-Félicien du Merdy, de Catuélan, *reçu Conſeiller le 30. Juillet 1727.*

13. Août 1744.

Jacques-Joſeph-René de Kerouartz, de Lomenven, *reçu Conſeiller le 27. Juin 1740.*

PRÉSIDENS DES REQUÊTES.

MESSIEURS,

24. Octobre 1581.

Pierre de Caradeuc.

26. Août 1583.

Nicolas Galloppe.

13. Août 1586.

Michel Saulddray, *ou* de la Sauldraye.

27. Février 1587.

Christophle Fouquet.

14. Août 1591.

Claude Pepin.

19. Septembre 1607.

Guy de la Sauldraye.

21. Février 1619.

Jean de la Sauldraye.

23. Octobre 1643.

René Berthou.

23. Décembre 1645.

Jean Nicolas, de Claye.

12. Juillet 1647.

Germain de Talhouet, de Bonamour.

12. Mai 1673.

Louis de Tremereuc.

12. Août 1679.

Jean-Olivier Berthou, de Querverzio.

9. Juillet 1688.

Henry-Louis Barrin, de la Galissonniere.

MESSIEURS,

14. Décembre 1691.

Jacques-François Barrin, de la Galissonniere.

5. Juillet 1697.

Annibal de Farcy, de la Daguerie.

11. Février 1705.

Gervais Gelin, de Tremergat.

Jean-Baptiste du Plessix, de Grenedan.

10. Mai 1709.

René-François de Farcy, de la Daguerie.

10. Janvier 1716.

François Colin, de la Biochais.

7. Juin 1737.

Gervais-Philipe-Marie Gelin, de Tremergat.

13. Juin 1746.

Louis-François Colin, de la Biochais.

CONSEILLERS.

MESSIEURS,

2. Août 1554.

Jacques Potier.
Michel Quelen.
Pierre Marec.
Bernard Prevoſt.
Philibert Barjot.
Guillaume de Lignieres.
Bertrand Glé de la Couſtardaye.
Julien le Duc.
René du Han.
Arnauld du Ferrier.

3. Août 1554.

Étienne de Roſmadec.

4. Août 1554.

René de Bourgneuf.

16. Août 1554.

Jean Pinart.
Jean le Corvoiſier.

17. Août 1554.

François Petau.

18. Août 1554.

Jean Turpin.

20. Août 1554.

Michel Braillon.

23. Août 1554.

François Calon.

MESSIEURS,

23. Août 1554.

Gautier Raſſeteau.
Jean Tituau.

15. Octobre 1554.

Aignan de Saint Meſmyn.

19. Octobre 1554.

Jacques Viart.

20. Octobre 1554.

Jacques Poiſſon.

30. Octobre 1554.

Jean Hay.

4. Février 1554.

Adrien du Drac,
François de Quermenguy.
Charles le Frere.
Robert du Hardaz.
Pierre Daniello.
Nicolas du Colledo.
Louis de Châteautro.
Guillaume Laurens.

9. Février 1554.

Jean de Reffuge.
Robert de Mondoulcet.
Louis Braillon.
Julien de Godelin.

11. Février 1554.

Pons Brandon.

MESSIEURS,

19. Février 1554.

Eustache de la Porte.

7. Août 1555.

Simon de Gravelle.

12. Août 1555.

Jean de Langle.

8. Février 1555.

Nicolas le Berruyer.
Hervé de la Mezouarn.

20. Février 1555.

Claude Parent.

28. Avril 1556.

Pierre de la Chapelle.

7. Août 1556.

Bernard Provost.

13. Août 1556.

Charles Faisant,

4. Février 1556.

Michel Dessefort, *reçu Avocat Général le 4.* Août 1554.

10. Février 1556.

Yves Percevaulx.
Bernard Fortis.
René Crespin.

26. Février 1556.

Guillaume Bertrand.
Arnoul Boucher.

MESSIEURS,

5. Août 1557.

Hierôme Duval.

5. Octobre 1557.

Guillaume de la Fontaine.

7. Février 1557.

Pierre Brulon.

11. Février 1557.

Jean le Chevalier.
René Breslay.

12. Février 1557.

Jean Garrault.

14. Février 1557.

Jacques Filleul.

15. Février 1557.

Guillaume Berzian.

15. Mars 1558.

Louis Dodieu.

12. Août 1558.

Jean Grignon.

3. Février 1558.

Jacques le Maître.

15. Février 1558.

Raoul Chalopin.

16. Février 1558.

Jean de la Houlle.

14. Mars 1558.

Jean Jorel.

MESSIEURS,

13. Septembre 1559.

François Emeret.

17. Février 1559.

Nicolas Allixant.
Philipe Goureau.
Guillaume Regnier.
Jacques Mondin.

1. Avril 1559.

Gilles Melot.

23. Août 1560.

Étienne de Nully.

11. Mars 1560.

Antoine Coutel.

5. Août 1561.

Étienne Lallemant.

9. Février 1563.

Nicolas Duval.

7. Août 1563.

Jean de Martine.

28. Avril 1564.

Guillaume Bernard.

11. Août 1564.

Jacques Barrin.

2. Août 1565.

Pierre Creſpin.

8. Février 1566.

Jacques Cappel.

MESSIEURS,

9. Février 1566.

Charles Mâlon.

12. Février 1566.

François Mathieu.

8. Mars 1566.

Henry Clauſſe.

18. Février 1568.

Michel Bouju.

24. Février 1568.

Zacharie Croc.
Jean Gueguen.

27. Février 1568.

Chriſtophle Tituau.

10. Mars 1568.

François Harpin de Martigné.

24. Avril 1568.

Jean de Charnieres.

30. Avril 1568.

Claude Mâlon.

7. Août 1568.

Robert Thevin.
Julien Tituau.

11. Août 1568.

Jean Foucault.
Jean de Mezangé.

12. Août 1568.

Hélie Poyet.

MESSIEURS,

13. Août 1568.

Jean du Grasmenil.

20. Octobre 1568.

Jean Guerin.

29. Octobre 1568.

Jean de Marbeuf.

8. Février 1569.

Jacques de France.

11. Février 1569.

François Pain.
Pierre de Saint Martin.

1. Avril 1569.

Jacques Maumillon.

12. Octobre 1569.

Mathieu Jourdan.

19. Octobre 1569.

Pierre Fleuriot.

27. Octobre 1569.

François de Bec-de-Lièvre, de Bois-Basset.

6. Février 1570.

Antoine Regnaud.

12. Avril 1570.

François du Plessis.

8. Août 1570.

Julien Louvel.

12. Août 1570.

Jean de Kercabin.

MESSIEURS,

22. Août 1570.

Guy de Kermenguy.

5. Octobre 1570.

Jacques Grignon.

6. Octobre 1570.

Pierre Couturier, de Rouartay.

Pierre du Houſſay.

13. Octobre 1570.

Mathurin Drouet.

21. Octobre 1570.

Jean Auvril.

25. Octobre 1570.

Gabriel Jouhan.

23. Février 1571.

Jacques Gautier.

7. Mars 1571.

Jacques de Launay.

26. Mars 1571.

Gilles de Bec-de-Lièvre, de Buris.

20. Avril 1571.

Jean Challot.

3. Août 1571.

Jean Vetus.

18. Août 1571.

Guy de Leſrat.

2. Octobre 1571.

Louis Dodieu.

MESSIEURS,

21. Février 1572.

Noël du Fail.

13. Février 1573.

François Charlet.

16. Février 1573.

Gabriel de Blavon.

17. Février 1573.

Clement Allaneau.

23. Février 1573.

Pierre du Chesne.

27. Février 1573.

François Gabart.

12. Août 1573.

Charles Harouis.

28. Août 1573.

Alain du Poulpry.

29. Octobre 1573.

Jean Huby.

12. Février 1574.

Hilaire Goignet.

16. Février 1574.

Jacques Bougars.

6. Avril 1574.

François Viette.

29. Avril 1574.

Jean Damours.

6. Septembre 1574.

François Bregel.

MESSIEURS,

31. Août 1575.

Philipe du Boulay.

16. Février 1576.

François Pain.

17. Février 1576.

René Bailleul.

21. Février 1576.

Adrien Jacquelot.

Jean Allain.

17. Août 1576.

François de Cahideuc.

20. Août 1576.

Jacques Denyau.

21. Août 1576.

Thomas du Pont.

27. Octobre 1576.

Jacques de la Foreſt.

15. Février 1577.

Guillaume Gouſſaut.

4. Mars 1577.

Philipe du Halgouet.

6. Mars 1577.

Olivier du Châtelier, de la Haultais.

12. Mars 1577.

Maurice Boileſve.

13. Mars 1577.

Charles Huchet.

MESSIEURS,

15. Mars 1577.

Charles de la Noe.

27. Avril 1577.

Jacques de Charnacé.

19. Août 1577.

Jean de la Trimollerie.

20. Août 1577.

Michel de Limonnier.

22. Août 1577.

Jean du Rofcouet.

27. Août 1577.

Jacques Bertaut.

30. Août 1577.

Louis Garrault.

22. Octobre 1577.

Claude d'Argentré.

18. Février 1578.

Claude le Divin.

1. Octobre 1578.

Jean Derbrée, de la Chaife.

25. Octobre 1578.

Jacques de Folnaie.

14. Février 1579.

François Chalopin.
François de Bec-de-Lièvre.

18. Février 1579.

Louis Colobel.
Nicolas de Vauloué.

MESSIEURS,

1. Octobre 1579.

Gilles Guerin.

24. Octobre 1579

Jules de Guerſans.

16. Août 1580.

René de la Belinaye.

19. Août 1580.

Pierre de Trogoff.

25. Février 1581.

Gabriel Fournier.

1. Mars 1581.

Jean Irland.

19. Août 1581.

Jean Lyais.

25. Octobre 1581.

Artur Gaudin.

27. Octobre 1581.

Pierre Enjorrant, *Conſeiller & Commiſſaire.*
Jean de Limonnier, *Conſeiller & Commiſſaire.*
Philipe Rouxeau, *Conſeiller & Commiſſaire.*
Jean Martin, *Conſeiller & Commiſſaire.*

10. Février 1582.

Claude Glé.
Euſtache du Han.

13. Février 1582.

Guillaume Hubert.
Jean de la Porte, *Conſeiller & Commiſſaire.*

MESSIEURS,

17. Février 1582.

Gabriel Bitault.

17 Août 1582.

Jean Morellon, *Conſeiller & Commiſſaire.*

Jean de Mondoré.

Nicolas Audebert.

26. Septembre 1582.

Pierre du Chalonge, *Conſeiller & Commiſſaire.*

26. Février 1583.

Jean Geffelot.

1. Avril 1583.

François Damboiſe, *Conſeiller & Commiſſaire.*

11. Octobre 1584.

Iſaac de Martines.

19. Septembre 1584.

Paul Hay, des Neſtumières.

27. Août 1585.

Nicolas de Longueil, *Conſeiller & Commiſſaire.*

11. Février 1586.

Charles Charlet, *Conſeiller & Commiſſaire.*

14. Février 1586.

Joachim des Cartes.

21. Février 1586.

David de la Marqueraye.

25. Février 1586.

Michel de la Poueze.

11. Août 1586.

Iſaac Loiſel, de Brys.

MESSIEURS,

18. Août 1586.

Charles Godet, *Conseiller & Commissaire.*

22. Août 1586.

Claude Testu.

27. Août 1586.

Auffray de Lescouet.

13. Septembre 1586.

Jean Gazet.

20. Octobre 1586.

Felix le Gras, *Conseiller & Commissaire.*

20. Février 1587.

Gilles de Sévigné, de Saint Didier.

11. Août 1587.

Jean de la Belinaye, *Conseiller & Commissaire.*

12. Août 1587.

Alain du Poulpry.

14. Août 1587.

Georges d'Aradon.

26. Août 1587.

Claude Lasnier.

24. Octobre 1587.

Étienne Raoul, *Conseiller & Commissaire.*

5. Mars 1588.

Alexandre de la Riviere.

11. Mars 1588.

Jean le Provost.

16. Mars 1588.

Alain de Kermeno.

MESSIEURS,

18. Mars 1588.

Denis Guillaubé.

28. Mars 1588.

Michel Gazet, *Conſeiller & Commiſſaire.*

30. Mars 1588.

Jean le Levier, de Kerochiou.

27. Avril 1588.

Zacharie Amys.

29. Octobre 1588.

Moïſe le Vaillant.

8. Février 1589.

François Colin.

19. Avril 1589.

Jean de Lopriac, de Kermaſſonnet.

5. Septembre 1589.

François Macé.

7. Octobre 1589.

Jacques du Boderu.

17. Août 1590.

Salomon Amys.

14. Août 1591.

Jean de Bec-de-Lièvre.

23. Octobre 1591

François Buſnel.

19. Février 1592.

Jean de la Lande.

11. Mars 1592.

Alexandre de Faucon.

MESSIEURS,

13. Janvier 1593.

René le Meneuſt.

20. Août 1593.

Jean Garnier.

18. Septembre 1593.

Jacques Gaultier.

9. Février 1594.

Jean Gabriau.

19. Février 1594.

René de Mezangé, *Conſeiller & Commiſſaire.*

9. Mars 1594.

Gabriel Girault.

8. Juillet 1594.

Marin Brandin.

20. Août 1594.

Pierre de la Foreſt.

18. Janvier 1595.

Jean de la Belinaye.

31. Janvier 1595.

Jean de Francheville.

15. Février 1595.

Simon Hay, de la Bouexière.

1. Mars 1595.

Charles Boileſve.

12. Juillet 1595.

Louis de la Belinaye, *Conſeiller & Commiſſaire.*

12. Août 1595.

Alain du Poulpry.

MESSIEURS,

1. Septembre 1595.

Pierre Ogier.

4. Mai 1596.

Pierre de la Guette.

19. Juillet 1596.

François Noblet.

25. Octobre 1596.

Pierre Bonnier.

29. Novembre 1596.

Jean Boterel,

8. Mars 1597.

Gilles de Lys, *Conſeiller & Commiſſaire.*

6. Juin 1597.

Adrien Broſſays.

14. Août 1597.

Bernard Cador.

3. Septembre 1597.

Gilles le Jeune, *Conſeiller & Commiſſaire.*

10. Septembre 1597.

Luc Godart.

17. Septembre 1597.

Pierre de Cornulier.

8. Octobre 1597.

Louis Bitault.

29. Avril 1598.

Guillaume de la Noue.

13. Mai 1598.

Joſeph de Lancſon.

MESSIEURS,

25. Mai 1598.

Étienne Raoul.

11. Juin 1598.

René Charette.

17. Juin 1598.

Jacques de la Vallée.
Mathurin Guichard, de Martigné.
Bernardin Deſpinoze.

14. Octobre 1598.

Jean Cailleteau, *Conſeiller & Commiſſaire.*

23. Octobre 1598.

Jacques Foucault, *Conſeiller & Commiſſaire.*

20. Février 1599.

Rolland Dubot.
Guillaume Tregueneau.
François de Bregel.

26. Février 1599.

François Boutin, *Conſeiller & Commiſſaire.*

2. Avril 1599.

Jean Delbene.

26. Mai 1599.

Charles d'Argentré.

18. Août 1599.

Claude de Herée.

27. Août 1599.

Laurent Peſchart, de Lorme.

10. Septembre 1599.

François Huchet, de la Bédoyère.

MESSIEURS,

12. Février 1600.

Charles de Faucon.

19. Février 1600.

Jacques Barrin.

29. Juillet 1600.

Jean Pidoux.

13. Octobre 1600.

Jean Turcan.

21. Octobre 1600.

François Thevin.

23. Octobre 1600.

Jean de Marinières.

10. Février 1601.

Jean du Halgouet, de Kergreſt.

16. Février 1601.

François Allaneau.

31. Août 1601.

Louis Charette.

18. Janvier 1602.

André de la Porte.

15. Mai 1602.

Michel Charpentier, *Conſeiller & Commiſſaire.*

18. Janvier 1603.

André Barrin, du Boiſgeffroy.

28. Février 1603.

Dominique Cotereau.

7. Mars 1603.

Guillaume Laſnier.

MESSIEURS,

7. Juillet 1603.

Pierre de Luxembourg.

15. Juillet 1603.

Pierre Pouſſepin.

7. Septembre 1603

François le Febvre.

9. Janvier 1604.

Sébaſtien du Pleſſix, de Grenedan.

16. Juillet 1604.

Gilles de Romelin.

10. Septembre 1604.

Gilles Gaſcher.

19. Novembre 1604.

Michel du Reſte, *Conſeiller & Commiſſaire.*

25. Février 1605.

François le Febvre, de la Ferronnière.

23. Décembre 1605.

François Caſſet.

2. Janvier 1606.

Vincent du Roſcouet.

17. Février 1606.

Jacques Denyau.

7. Avril 1606.

Claude de Marbeuf, de la Pilletière & de Blaiſon.

18. Juillet 1606.

Hierôme Chohan.

26. Août 1606.

Touſſaint d'Aleſme.

MESSIEURS,

1. Septembre 1606.

Andart Hus.

5. Janvier 1607.

Julien de Langle.

12. Janvier 1607.

André Potier.

7. Mai 1607.

Claude Guerry, *Conſeiller & Commiſſaire.*

22. Juin 1607.

Michel le Loup.

19. Septembre 1607.

Guy de la Sauldraye.

28. Septembre 1607.

Claude de Querboudel, *Conſeiller & Commiſſaire.*

7. Mars 1608.

Guy de Leſrat.

21. Mars 1608.

Gabriel du Gueſclin.

28. Mai 1608.

Guillaume Thevin.

4. Juillet 1608.

François Fouquet.

21. Janvier 1609.

Guy de la Piguelaye.

27. Février 1609.

Michel Boileſve.

8. Juillet 1609.

Pierre Bouſchet.

MESSIEURS,

2. Septembre 1609.

Julien Gedouin.

11. Septembre 1609.

René de Beaucé.

13. Novembre 1609.

Jean Martin.

19. Février 1610.

Claude Saguier.

31. Mars 1610.

Mathieu Fourché.

30. Juin 1610.

Gilles de Leſcu.

20. Août 1610.

François Saulnier.

22. Octobre 1610.

Philibert de Thurin, *Conſeiller & Commiſſaire.*

14. Janvier 1611.

Jules de Guerſans.

12. Février 1611.

Guillaume de Leſrat.

4. Mars 1611.

Iſaac de Bregel.

21. Mai 1611.

François Dandigné.

22. Septembre 1612.

Yves Roquel, du Bourgblanc.

28. Septembre. 1612.

Gabriel Conſtantin.

MESSIEURS,

5. Octobre 1612.

Henry Girard.

19. Janvier 1613.

Gilles Ruellan.

28. Juin 1613.

Georges de Talhouet.

11. Octobre 1613.

Antoine Nicolaï.

10. Janvier 1614.

Louis Girard.

11. Avril 1614.

Hervé le Coniac.

25. Juin 1614.

Henry de Bourgneuf, d'Orgères, *Conſeiller & Garde-Scel.*

8. Avril 1615.

Bertrand de Roſnyvinen, du Pleſſix-Bonenfant

14. Avril 1615.

Claude de Luxembourg.

16. Octobre 1615.

François de Monteſcot.

30. Octobre 1615.

Jean du Han.

11. Décembre 1615.

Thebaud de Tanouarn, de Comiran, *Conſeiller & Commiſſaire.*

18. Mars 1616.

Renauld de Sévigné.

MESSIEURS,

21. Avril 1616.

Paul Hay.

1. Octobre 1616.

Pierre Bonnier.

7. Octobre 1616.

Jacques Raoul.

29. Octobre 1616.

François du Poulpry.

18. Novembre 1616.

Jean du Boisgeslin.

17. Février 1617.

Guy de Lopriac.

10. Mars 1617.

Charles Irland.

11. Mars 1617.

René Godart.

14. Juin 1617.

Christophle Fouquet.

23. Juin 1617.

René le Corvaisier.

7. Juillet 1617.

Pierre de Larlan, de la Nitre.

14. Juillet 1617.

François de Grimaudet.

15. Septembre 1617.

Jean Gabriau, *Conseiller & Commissaire.*

7. Décembre 1617.

Claude Toublanc, *Conseiller & Commissaire.*

MESSIEURS,

15. Décembre 1617.

Pierre le Duc.

10. Avril 1618.

Pierre Descartes.

7. Juillet 1618.

Marc le Duc, *reçu Avocat Général le 30. Juin 1607.*

13. Juillet 1618.

René Pepin.

20. Juillet 1618.

Michel Despinoze.

17. Août 1618.

Jean de Bec-de-Lièvre.

5. Septembre 1618.

Jean Hay.

12. Septembre 1618.

Maurille Deslandes.

13. Septembre 1618.

Georges de Querguezec.

7. Décembre 1618.

Jean Rogier.

29. Décembre 1618.

Jean le Vayer.

16. Février 1619.

François Colin.

1. Mars 1619.

Jacques du Bois

8. Mars 1619.

Henry Bouschet.

MESSIEURS,

15. Mars 1619.

Antoine Barillon.

10. Avril 1619.

Philipe Jacquelot.

7. Juin 1619.

Jacques Bonnier.

12. Juillet 1619.

Louis de Queraly.

25. Octobre 1619.

Charles Sevin.

16. Novembre 1619.

Louis de Coëtlogon, de Méjusseaume, *Conseiller & Commissaire.*

19. Février 1620.

Louis Couturié.

13. Mai 1620.

Étienne de Launay.

22. Mai 1620.

François le Sénéchal.

27. Mai 1620.

Thebaud de Tanouarn.

17. Juillet 1620.

Nicolas de Villeoutrys.

14. Août 1620.

François de Bec-de-Lièvre.

29. Août 1620.

François Bonnier, *Conseiller & Commissaire.*

MESSIEURS,

24. Septembre 1620.

Jean Nicolas.

18. Décembre 1620.

Jean-Jacques Barillon.

3. Juin 1621.

Jean de Morellon.

29. Novembre 1621.

Paul du Boderu.

31. Décembre 1621.

Charles Champion.

2. Mars 1622.

Thomas Franchet.

16. Novembre 1622.

Claude Godes.

16 Décembre 1622.

Pierre Garnier.

23. Décembre 1622.

Jacques Chouet.

7. Janvier 1623.

René de Tremigon.

17 Mars 1623.

Nicolas de Bourgneuf.

10. Mai 1623.

Jean Gefflot.

17. Mai 1623.

Raoul Martin, *Conſeiller & Commiſſaire.*

20. Mai 1623.

Guillaume Marot,

MESSIEURS,

16. Février 1624.

Chriſtophle Budes, *Conſeiller & Garde-Scel.*

23. Août 1624.

Simeon Brandin.

30. Août 1624.

Pierre de la Touche, *Conſeiller & Commiſſaire.*

6. Septembre 1624.

Gervais Huart.

20 Septembre 1624.

Louis Caſſet.

29. Novembre 1624.

Guy le Meneuſt.

13. Décembre 1624.

Pierre Dubot.

13. Juin 1625.

René de Quermeno.

13. Août 1625.

Jean Caſſet.

22. Août 1625.

Louis de Lantivy.

29 Août 1625.

Jacques Jaulnier, *Conſeiller & Commiſſaire.*

19. Décembre 1625.

René Rogier.

31 Décembre 1625.

Bénigne le Roy.

12. Février 1626.

Gilles Huchet, *Conſeiller & Garde-Scel.*

MESSIEURS,

20. Fevrier 1626.

Pierre Guyton.

3. Juillet 1627.

Jean Boutin, *Conſeiller & Commiſſaire.*

10 Juillet 1627.

Joachim Deſcartes.

8. Novembre 1627.

Mathurin Guichard.

14. Janvier 1628.

François le Febvre.

15. Janvier 1628.

Charles Godes.

19. Janvier 1628.

Étienne le Tavernier.

5. Octobre 1628.

Pierre le Gouvello, *Conſeiller & Commiſſaire.*

30. Juin 1629.

Paul Hay.

28. Août 1629.

Jean Joly.

26. Octobre 1629.

Jean de Bragelogne.

15. Mai 1630.

Pierre de Cornulier, de la Touche.

2. Octobre 1630

Pierre Hennequin.

19. Octobre 1630.

Nicolas Choart.

MESSIEURS,

9. Mai 1631.

Jean de la Porte.

22. Octobre 1631.

Jean de Quercabin, *Conſeiller & Commiſſaire.*

29. Octobre 1631.

François de Gouyon.

30. Octobre 1631.

Jean de Brehand.

5. Mars 1632.

Louis Feydeau.

7. Mai 1632.

Louis le Tonnelier.

7. Août 1632.

Vincent de Brenugat.

14. Août 1632.

François de Marbeuf, *Conſeiller & Commiſſaire.*

20. Août 1632.

Julien de Marniere.

21. Août 1632.

Luc le Duc.

17. Septembre 1632.

Louis Garnier.

19. Novembre 1632.

Euſtache de Lys.

20. Novembre 1632.

Julien le Gouvello.

11. Mars 1633.

Achilles-Auguſte de Thou.

MESSIEURS,

10. Juin 1633.

Jean Barrin.

17. Juin 1633.

François de la Foreſt, *Conſeiller & Commiſſaire.*

25. Juin 1633.

Jean-Baptiſte Dandigné.

1. Juillet 1633.

René Berthou.

8. Juillet 1633.

Jean Peſchart, *Conſeiller & Garde-Scel.*

13. Août 1633.

François Loaiſel, *Conſeiller & Commiſſaire.*

19. Août 1633.

Gabriel Freſlon.

2. Septembre 1633.

Louis Gallichon.

18. Novembre 1633.

Henry de Coueſpelle.

7. Juillet 1634.

Philipe du Halgouet.

14. Juillet 1634.

Louis Boju.

1. Décembre 1634.

Claude de Viſdelou.

16. Février 1635.

François le Bervet.

4. Mai 1635.

Jean de Seran.

MESSIEURS,

22. Juin 1635.

Jean Peſchart, *Conſeiller & Garde-Scel.*

6. Juillet 1635.

Olivier de la Riviere.

31. Août 1635.

Olivier de Montbourcher.

7. Septembre 1635.

Charles Budes, *Conſeiller & Commiſſaire.*

11. Septembre 1635.

Pierre Ayrault.

7. Décembre 1635.

Pierre Dreux.

10. Mars 1636.

Yves Henry.

11. Avril 1636.

Nicolas Porée.

13. Juin 1636.

René Quelo.

5. Janvier 1637.

Jacques Denyau, *Conſeiller & Commiſſaire.*

14. Janvier 1637.

Antoine Hubert, de Laſſe.

5. Février 1637.

François de la Foreſt.

29. Avril 1637.

René du Pleſſix, *Conſeiller & Commiſſaire.*

26. Juin 1637.

Gabriel Boileſve.

MESSIEURS,

4. Juillet 1637.

Briand du Gaullay.

12 Mars 1638.

Bertrand du Guefclin.

10. Septembre 1638.

Joachim de Beaucé.

26. Novembre 1638.

René du Bouilly.

18. Mars 1639.

Martin de Savonniere.

19. Mars 1639.

Renauld de Poix.

14. Octobre 1639.

René du Pleffix.

7. Janvier 1640.

Jean de Rofnyvinen.

4. Avril 1640.

Pierre de Launay, *Confeiller & Commiffaire.*

François de Cliffon, *Confeiller & Commiffaire.*

28. Septembre 1640.

Bernardin du Rofcouet.

6. Octobre 1640.

François de l'Efcu, de Bauvais.

12. Octobre 1640.

Jacques le Gonidec, des Aulnais.

29. Décembre 1640.

Maurice Auvril.

MESSIEURS,

19. Janvier 1641.

Jean Hingant.
René de Lanjamet.

11. Mai 1641.

Pierre Bonnier, *Conseiller & Commissaire.*

28. Juin 1641.

Jean le Duc.

17. Juillet 1641.

Henry de la Noue.

20. Juillet 1641.

François du Halgouet.

31. Décembre 1641.

Charles Boilesve.
Jean Charette.

7. Janvier 1642.

Louis de Langle, de Kermorvan.
Jean Saliou, *Conseiller & Commissaire.*

3. Février 1642.

Jacques Denyau.

2. Mai 1642.

Jacques Busnel, *reçu Avocat Général le 28. Juin 1630.*

6. Juin 1642.

René du Grasmenil, *Conseiller & Commissaire.*
Pierre Dreux.

31. Décembre 1642.

Alexandre de Coetanscoure.

MESSIEURS,

24. Avril 1643.

Jean le Duc. *Il avoit prêté serment dès le 28. Juin 1641.*

François Saguier.

22. Mai 1643.

Yves de Tanouarn, *Conseiller & Commissaire.*

23. Mai 1643.

Guy du Pont.

22. Décembre 1643.

Claude de Marbeuf, de Laillé.

Claude Guerry, *Conseiller & Commissaire.*

Guy de Lesrat.

29. Décembre 1643.

François Huart.

4. Janvier 1644.

Jean le Febvre.

19. Février 1644.

Paul Hay.

12. Juillet 1644.

René de Querguezec.

13. Juillet 1644.

Louis Jacquelot.

15. Juillet 1644.

Jean Fourché.

31. Décembre 1644.

Jean du Boisgeslelin, de Mesneuf.

4. Janvier 1645.

Charles du Chatelier.

MESSIEURS,

11. Janvier 1645.

François de Brehan, de Galinée.

12. Mai 1645.

Nicolas le Vasseur.

21. Juillet 1645.

Nicolas de Saluden.

27. Octobre 1645.

Claude du Bouexic.

19. Janvier 1646.

René de Lopriac.

23. Mars 1646.

Jean de la Touche, *Conseiller & Commissaire.*

11. Mai 1646.

Charles le Febvre.

18. Mai 1646.

Jean Ogeron, *Conseiller & Commissaire.*

11. Août 1646.

Jean-Claude le Jacobin, de Keramprat, *Conseiller Garde-Scel.*

15. Février 1647.

Cilles Martin, des Hurlieres.

29. Mai 1648.

André Huchet.

30. Mai 1648.

Joachim Descartes.

5. Juin 1648.

René le Prêtre, *Conseiller & Commissaire.*

MESSIEURS,

7. Septembre 1648.

François Denyau.

2. Janvier 1649.

François de Grimaudet, *Conſeiller & Commiſſaire.*

12. Janvier 1649.

René Couturié.

Louis du Bouexic.

Jean-Baptiſte de Bec-de-Lièvre.

Jean Conſtantin, *Conſeiller & Commiſſaire.*

13. Janvier 1649.

Julien de Larlan.

4. Mars 1649.

Louis de la Roche, de Saint André.

6. Mars 1649.

Pierre de Thierry, de la Prévalais, *Conſeiller & Commiſſaire.*

14. Mai 1649.

François Rogier.

10. Septembre 1649.

Jean de Rays.

29. Octobre 1649.

Nicolas le Feuvre.

17. Décembre 1649.

Jacques de Porcaro.

21. Janvier 1650.

Jean le Coniac, de Toulmen, *Conſeiller & Commiſſaire.*

12. Mars 1650.

Louis de la Bourdonnaye, *Conſeiller & Commiſſaire.*

MESSIEURS,

23. Mars 1650.

Guillaume Raoul, de la Guibourgère.

17. Janvier 1651.

René le Preſtre, de Lézonnet.

17. Février 1651.

François Hutteau.

20. Octobre 1651.

Sébaſtien du Freſnay, du Faouet, *Conſeiller & Commiſſaire.*

21. Juin 1652.

René de Marin, de Moncain.

27. Septembre 1652.

Pierre Bonnier, de la Cocquerie, *Conſeiller & Commiſſaire.*

4. Juillet 1653.

Eugène-Joſeph Rogier, de Querveno, *Conſeiller & Commiſſaire.*

5. Juillet 1653.

Chriſtophle Foucquet.

12. Août 1653.

François le Febvre.

13. Août 1653.

Vincent-Exupere de Larlan, de la Nitre.

19. Août 1653.

Claude de la Corbiere.

14. Novembre 1653.

René de la Porte.

MESSIEURS,

27. Mars 1654.

Maurille de Brehand.

24. Avril 1654.

Gabriel Pepin, *Conseiller & Commissaire.*

2. Mai 1654.

Pierre Chouet.

23. Mai 1654

René le Febvre.

17. Juillet 1654.

Michel Despinoze.

François Fouquet.

2. Octobre 1654.

François Guichard, de Martigné.

17. Octobre 1654.

Jacques Cousinot.

12. Juin 1655.

Robert Constantin, *Conseiller & Commissaire.*

9. Juillet 1655.

Joseph Gouyon, de Launay-Commats, *Conseiller & Commissaire.*

3. Septembre 1655.

Louis-François de Lantivy.

14. Septembre 1655.

Julien de Larlan.

16. Novembre 1655.

Amaury-Charles de la Moussaye.

19. Novembre 1655.

Jacques Gabart, de Rollieu, *Conseiller & Commissaire.*

MESSIEURS,

2. Janvier 1656.

Guillaume de Lanjamet, de Miniac.

24. Mars 1656.

Sebaſtien de Robien.

10. Juin 1656.

Jean de Talhouct, de Keravéon.

23. Juin 1656.

Jacques Huart, de Beuvre.

13. Novembre 1656.

Sébaſtien Gefflot.

17. Novembre 1656.

Yves Sanguin.

24. Novembre 1656.

Louis de Bruc, *Conſeiller & Commiſſaire.*

2. Décembre 1656.

Claude Jegou.

17. Janvier 1657.

François du Poulpry.

16. Mars 1657.

François Champion, de Cicé.

23. Mars 1657.

François de Trevegat, de Locmaria.

23. Novembre 1657.

Jacques Barrin, de la Galliſſonnière, *Conſeiller & Commiſſaire.*

24. Novembre 1657.

Joſeph de Servon.

MESSIEURS,

5. Janvier 1658.

Guy de Coëtlogon.

21. Mai 1659.

Joachim Descartes, de Chavagne.

27. Juin 1659.

Joseph du Coscaer, *Conseiller & Commissaire.*

4. Juillet 1659.

François Boux, de la Varenne, *Conseiller & Garde-Scel.*

14. Novembre 1659.

Charles de Sévigné.

9. Janvier 1660.

Jacques de Margueris, de Vassy.

Jean-Jacques de Regnouard.

21. Janvier 1660.

Henry Barrin.

10. Mars 1660.

Gabriel de Langan, du Bois-Février.

12. Mars 1660.

Paul de la Robinaye, *Conseiller & Commissaire.*

16. Avril 1660

Claude Freslon, *Conseiller & Commissaire.*

3. Juillet 1660.

Jean-François de Cahideuc, du Bois-de-la-Motte, *Conseiller & Commissaire.*

14. Juillet 1660.

Jacques du Chastelier.

21. Juillet 1661.

Charles Denyau.

MESSIEURS,

16. Décembre 1661.

Guy de Visdelou, *Conseiller & Commissaire.*

21. Janvier 1662.

Jean-François-Marie du Han.

17. Février 1662.

Michel Porée, *Conseiller & Commissaire.*

23. Août 1663.

Siméon Hay.

10. Septembre 1663.

François Champion.

1. Octobre 1663.

Guillaume de la Noue.

2. Octobre 1663.

René Godart.

5. Octobre 1663.

René le Chat.

30. Mai 1664.

Louis Hubert, de Lasse.

4. Juillet 1664.

Pierre de Saint Pern.

11. Juillet 1664.

Julien de la Corbinaye, *Conseiller & Commissaire.*

24. Octobre 1664.

Jean-Baptiste de Cornulier.

4. Septembre 1665.

René de la Bigottière.

16. Mars 1667.

Guillaume Dondel, de Pendref, *Conseiller & Commissaire.*

MESSIEURS,

7. Janvier 1668.

Pierre de Tanouarn, de Couvran.

23. Novembre 1668.

Charles Boilefve.

14. Décembre 1668.

François Boilefve.

22. Decembre 1668.

Eufebe le Lièvre, *Confeiller & Commiffaire.*

22. Juin 1669.

André de Robien.

21. Août 1669.

René de Montbourcher.

28. Août 1669.

Gilles de l'Efcu.

4. Septembre 1669.

Philipe du Boullay, *Confeiller & Commiffaire.*

14. Août 1670.

Charles de la Corbière.

7. Juillet 1671.

Florent d'Argouges.

14. Juillet 1671.

François-Jacques de Farcy.

21 Août 1671.

Louis de Langle.

28. Novembre 1671.

François le Febvre, de Laubrière.

4. Mai 1672.

Jacques de Caradeuc, *Confeiller & Commiffaire.*

MESSIEURS,

20. Août 1672.

Ignace Chauvel, *Conſeiller & Commiſſaire.*

27. Août 1672.

Gilles Butault.

2. Septembre 1672.

François Brecheu.

17. Mars 1673.

Henry-Louis Barrin, *Conſeiller & Commiſſaire.*

2. Juin 1673.

Jean-Charles Ferret.

16. Juin 1673.

Jean Geffroy.
Guy de Leſrat.
Henry-René Saguier.

11. Août 1673.

Guillaume Marot.

2. Mars 1674.

Jean du Parc.

30. Avril 1674.

François de Thierry, de la Prévalais.

4. Mai 1674.

Gabriel de la Bintinaye, *Conſeiller & Commiſſaire.*

23. Mai 1674.

René le Febvre.

28. Juin 1674.

Charles-Marie le Meneuſt.

11. Juillet 1674.

Jean-Baptiſte du Pleſſix, de Grenedan.

MESSIEURS,

6. Juillet 1675.

Pierre de Boisyvon, de Saint Pierre.

13. Juillet 1675.

Marc-Antoine de la Bouexière, de la Nuic.

15. Mai 1676.

Maurice Auvril.

16. Mai 1676.

Jean de Grimaudet, *Conseiller & Commissaire.*

19 Octobre 1676.

Jean-Baptiste de Cornulier.

20. Novembre 1676.

Siméon le Febvre, de la Sillandais.

21. Janvier 1677.

Gilles de Ruellan, *Conseiller & Commissaire.*

2. Juillet 1677.

Guy du Pont.

9. Juillet 1677.

Jean-Baptiste de Bec-de-Lièvre.

17. Novembre 1677.

Yves-Marie de la Bourdonnaye, *fait Conseiller d'État.*

14. Janvier 1678.

Guillaume de Marbeuf.

21. Janvier 1678.

Jean de Grimaudet.

15. Juillet 1678.

Gabriel du Boisgeslin.

René-François de Trevegat.

MESSIEURS,

16. Juillet 1678.

Jean Saliou.

26. Août 1678.

François-Pierre de la Foreſt.
François de Guerſans.

30. Août 1678.

Gervais Gelin.

10. Mars 1679.

Jacques Raoul.

17. Mars 1679.

Charles Huby, *Conſeiller & Commiſſaire.*

23. Mai 1679.

Louis de Tremereuc.

28. Juin 1680.

Thomas Nepveu.

19. Juillet 1680.

Nicolas Girard, *Conſeiller & Commiſſaire.*

16. Mai 1681.

François-Pierre le Jacobin, de Keramprat, *Conſeiller & Garde-Scel.*

23. Mai 1681.

Pierre le Serazin, du Boterf.
Pierre Colin.

2. Juillet 1681.

Louis du Bouexic.

9. Juillet 1681.

René Jegou.

MESSIEURS,

31. Octobre 1681.

François de Bruc, *Conſeiller & Garde-Scel.*

François Mareſt, *Conſeiller & Garde-Scel.*

5. Décembre 1681.

Louis de le Gall, de Cunffiou du Pallevar, *Conſeiller & Commiſſaire.*

14. Mars 1682.

Yves de Coniac.

10. Juillet 1682.

Touſſaint de Cornulier, *Conſeiller & Commiſſaire.*

18. Août 1682.

Charles-Guillaume de la Corbière.

19. Août 1682.

Claude-Louis Guerry.

21. Août 1682.

Joſeph le Meilleur, de Kerhervé.

20. Janvier 1683.

Joſeph Sanguin.

François-Louis de Marin.

22. Février 1683.

Dénis Fabrony, *Conſeiller & Commiſſaire.*

13. Septembre 1683.

Charles Bidé.

1. Octobre 1683.

François-Claude de Lantivy.

8. Octobre 1683.

Sébaſtien de Kergus.

MESSIEURS,

3. Juin 1684.

Gilles Cosnier.

12. Octobre 1684.

Paul de Robien.

12. Février 1685.

Jacques Auvril, *Conseiller & Commissaire.*

16. Février 1685.

Maurice Guichardy.

Pierre le Roy, de la Potherie.

5. Novembre 1685.

Anne-François Hubert, de Lasse.

24. Décembre 1686.

Jacques-Renauld de la Bourdonnaye, de Blossac, *Conseiller & Commissaire.*

François-Jean de Keraly.

28. Décembre 1686.

Jean-Claude le Jacobin, de Keramprat.

4. Janvier 1687.

François-Pierre de Montalembert.

26. Février 1687.

Joseph le Meneust, *Conseiller & Commissaire.*

7. Mars 1687.

Pierre Fleury, de la Villeroux.

François Macé.

25. Juin 1687.

François de la Bourdonnaye, de Liré.

16. Janvier 1688.

Antoine-René le Feuvre, de la Faluère.

MESSIEURS,

9. Avril 1688.

François Éveillard, *Conſeiller & Commiſſaire.*

26. Mai 1688.

François-Guy Denyau.

21. Juillet 1688.

Jean-Baptiſte de Larlan, de Kercadio.

18. Août 1688.

François-Jean Bonnier.
René de Pontual.

4. Janvier 1689.

Armand-Charles Robin, d'Eſtréans.

29. Avril 1689.

Robert Denyau.
Florian-Louis Jacquelot, *Conſeiller & Commiſſaire.*

6. Mai 1689.

Anne-Louis Ferré.

27. Mai 1689.

Jean-René de Brehand.

11. Août 1689.

René de Lopriac.

21. Janvier 1690.

Céſar Freſlon.

17. Mars 1690.

Nicolas-Jacques Huart.

18. Mars 1690.

Charles-Robert-Joachim de Quermeno.

19. Avril 1690.

Louis-Florian Deſnos.

MESSIEURS,

3. Mai 1690.
Claude-Hiacinthe Loz, de Beaulieu.

17. Mai 1690.
Gilles Charette.

18. Août 1690.
Jean-Paul Hay.

21. Août 1690.
René-Louis du Pont.

26. Août 1690.
Louis-Joſeph Eudo, *Conſeiller & Commiſſaire.*

15. Décembre 1690.
Jean-Baptiſte de Chertemps, de Seuil.

9. Mars 1691.
François-Joachim Deſcartes, de Kerleau.

22. Juin 1691.
Jacques-Anne de Caradeuc, *Conſeiller & Commiſſaire.*

28. Juin 1691.
René-Jean Boſchier, d'Ourxigné.

6. Juillet 1691.
François de la Grée.

13. Juillet 1691.
Jacques-Anne-Marie Ferret.

18. Juillet 1692.
Jacques-Gervais Huart.

19. Juillet 1692.
Gabriel-René de Montbourcher.

12. Août 1692.
Claude-François de Marbeuf, du Guay.

MESSIEURS,

13. Août 1692.
Joſeph-François du Boisbaudry, de Langan.
19. Août 1692.
Joſeph-Placide Ferron.
17. Octobre 1692.
Jean-Baptiſte de Hillerien, du Bois-Triſandeau.
10. Juillet 1693.
Gilles-André Barrin, *Conſeiller & Commiſſaire.*
21. Août 1693.
François-Pierre de l'Eſcu, *Conſeiller & Commiſſaire.*
13. Août 1694.
Jean-Louis de Derval.
22. Juin 1695.
Henry le Chat.
6. Juillet 1695.
Bernardin Foucquet.
7. Juillet 1695.
Pierre-François Monnier, du Bois-Foucault.
20. Juillet 1695.
Allain Artur.
1. Octobre 1695.
Gabriel de la Monneraye, *Conſeiller & Commiſſaire.*
3. Novembre 1695.
René du Pleſſix, de Grenedan.
11. Mai 1696.
Charles de Beauclerc.

MESSIEURS,

29. Décembre 1696.

Louis-François-Joſeph de Langle.
Charles-Joſeph Boileſve.
Thomas de Robien, de Kerambourg.

31. Décembre 1696.

Jacques-Gilles de Kerſauſon.
Annibal-Auguſte de Farcy, de Cuillé.

5. Juillet 1697.

René-François Foucquet, de la Bouchefolière.

10. Septembre 1697.

Maurille Michau, de Ruberzo.

5. Décembre 1698.

Jean Marie de Grimaudet, de Gazon.
François de Guerſans.

24. Décembre 1698.

René Fabrony, de la Prégenterie, *Conſeiller & Commiſſaire.*
François de Viſdelou, de Bienaſſis.

10. Avril 1699.

Yves-Marie de la Bourdonnaye, de Cordemaye, *Conſeiller & Commiſſaire.*

20. Mars 1700.

Joſeph Dandigné, de Kermagaro.

28. Mai 1701.

Guillaume de le Gall, de Cunffiou de Ménoray.

25. Juin 1701.

Joſeph-Hiacinthe-François Boileſve.

MESSIEURS,

16. Juillet 1701.

Guillaume de la Noue.

Claude-Touſſaint Marot, de la Garaye.

30. Septembre 1701.

Guy Picquet, de la Motte, *Conſeiller & Garde-Scel.*

14. Janvier 1702.

Ignace Chauvel, de la Boullaye, *Conſeiller & Commiſſaire.*

Judes Cormier, de la Courneuve, *Conſeiller & Commiſſaire.*

3. Avril 1703.

Philipe-Guy de Coëtlogon.

14. Mai 1703.

Maurice-Joſeph Auvril, de la Chauvière.

15. Mai 1703.

Louis Jacquelot.

21. Mai 1703.

Charles-Éliſabeth Boterel, de Bédée.

30. Mai 1703.

Claude du Pont, d'Oville.

23. Février 1704.

Jacques-Julien-Joſeph Butault, de Marzan.

30. Juin 1704.

Jean de Talhouet, de Brignac.

Nicolas-René Trouillet, de la Bertière.

18. Juillet 1704.

Louis-Pierre de Lantivy, de Champiré.

MESSIEURS,

21. Août 1705.

Claude-François-Auguste de Marbeuf, *Conseiller & Commissaire.*

2. Octobre 1705.

Henry du Verdier, de Genouillac.

7. Juillet 1706.

Jean-Joseph de la Bigottière.

16. Juillet 1706.

Vincent de la Bouexière, de Brantonnet.

16. Septembre 1706.

Eustache-Charles de Lys.

15. Janvier 1707.

Charles Huchet, de la Bédoyère.

20. Juillet 1707.

Jean-Maurice Geffroy, de Kervégant.

12. Août 1707.

Gabriel-François-Guillaume du Poulpry.
Jean-Baptiste de Rosnyvinen, de Piré.
Jean-Joseph Despinoze.
François-René de Farcy.

9. Septembre 1707.

Pierre-Joseph de Lambilly.

5. Janvier 1708.

Jacques-Claude Raoul, de la Guibourgère.
Jacques Berthou, de Querverzio.

7. Janvier 1708.

François-Gabriel de Montigny, *Conseiller & Commissaire.*
Jean-François-Dinan de Coniac.

MESSIEURS,

13. Janvier 1708.

Claude le Feuvre, de la Faluère.

René Boux, de Saint Mars.

6. Juillet 1708.

Jean-François-Armand de Talhouet, de Sévérac

Jean-Baptiste le Long, du Dreneuc.

18. Janvier 1709.

Yves-Mathurin du Bouexic, de Pinieuc.

Jean-Georges de Racinoux, *Conseiller & Commissaire.*

28. Juin 1709.

Barthelemy-Antoine-François Ferret, du Timeur.

19. Juillet 1709.

Anne-Louis Hubert, de Lasse.

10. Septembre 1709.

René de Bégasson.

6. Juin 1710.

René-François Geffroy, de la Villeblanche.

24. Avril 1711.

Gabriel-Anne de la Lande, du Loup Tregomen.

15. Janvier 1712.

Joseph-François de Trevegat, de Limoge.

15. Avril 1712.

Claude Guerry, du Bois-Hamon.

Allain-Jacques-René Bonin, de la Villebouquay.

13. Août 1712.

Joseph-Jean-Baptiste de Bruc.

Achille-Marie du Guiny, de Kerhos.

MESSIEURS,

21. Octobre 1712.

Henry-Albert de Cézy, de Kerampuil.

19. Novembre 1712.

François-Pierre de la Foreſt d'Armaillé, de Noizai.

11. Janvier 1713.

Louis-Charles Boux, de Bougon, *Conſeiller & Commiſſaire.*

20. Février 1713.

François-Joſeph d'Ernothon.

14. Août 1713.

Louis-Gabriel de la Bourdonnaye, de Bloſſac, *Conſeiller & Commiſſaire.*

20. Octobre 1713.

Agathon Hubert, de Laſſe.

16. Décembre 1713.

Charles-Marie-Anne de Marbeuf, *Conſeiller & Commiſſaire.*

Charles-Jacques Denyau, de Châteaubourg.

Julien-Joſeph de Marnière, de Guer.

12. Janvier 1714.

Achille-Rolland Barrin, du Pallet.

22. Juin 1714.

Joſeph-Clement Champion, de Cicé, *Conſeiller & Commiſſaire.*

Louis-Céleſtin de Saint Pern, du Lattay.

Jean-Claude de Derval.

6. Juillet 1714.

Pierre-Mathurin-Bertrand de Saint Pern, de Ligouyer.

MESSIEURS,

17. Octobre 1714.

Louis-Jean-François de Grimaudet, de la Croiſerie.

29. Mars 1715.

Charles-René de Cornulier, *Conſeiller & Commiſſaire.*

12. Avril 1715

François-Julien de Larlan, de Kercadio de Rochefort.

12. Juin 1715.

Paul-Ciprien Boucault, de Méliant.

16 Août 1715.

Louis-Florent Deſnos, des Foſſés.

27. Novembre 1715.

Jacques-René le Preſtre, de Châteaugiron.

5. Juin 1716.

Amaury-Charles Gouyon, de Marcé.

25. Juin 1717.

Anne-Camille Auvril de Trevenegat.

30. Décembre 1717.

Jean-Jacques Saliou, de Chef-du-Bois.
Anne-Julien Gibon, du Pargo.
André-Joſeph de Robien, de Campſon.

24. Mars 1718.

Louis-François Mareſt.

23. Septembre 1718.

Jean-Baptiſte Henry, de la Pleſſe.

18. Février 1719.

Bernard-Louis du Bouexic, de Pinieuc.

9. Décembre 1719.

Caſimir Hubert, de Laſſe, de la Rochefordière.

MESSIEURS,

29. Décembre 1719

Pierre-François-Marie de Montalembert.
Sébaſtien-François de Pontual.
René-Gabriel de la Foreſt, d'Armaillé.
Michel-Joſeph Mareſt.
Jean-François du Poulpiquet, du Halgouet

8. Mars 1720.

Jean-Louis du Bois-Adam.

17. Mai 1720.

Chriſtophle-Paul de Robien.

7. Janvier 1721.

Hierôme-François Charpentier, de Lennevos, *Conſeiller & Commiſſaire.*
Alexis-Auguſtin du Chaffault.

15. Octobre 1721.

Claude-Jean-Baptiſte de Cornulier, de Lorière.

5. Mai 1722.

Renaud-Gabriel du Boiſgeſlin, *Conſeiller & Commiſſaire.*
Claude-François-Marie de Marbeuf, *Conſeiller & Commiſſaire.*
François-Joſeph le Meilleur, de Larré.

7. Janvier 1723.

François-Louis-Joachim Ferré, de la Villéblanc.
Touſſaint-Marie de la Noue.

5. Mars 1723.

Louis-Angelique-Robert, de la Motte, d'Aubigné.

9. Juillet 1723.

Thomas Neveu, d'Urbé.

MESSIEURS,

26. Août 1723.

René de Ruellan, du Tiercent, *Conſeiller & Commiſſaire.*
Charles-Bernardin Menard, de Toucheprais.
Joachim-Daniel-René Hay, de Bonteville.
François-Joachim de la Corbinaye, de Bourgon.

29. Novembre 1723.

Louis-Gilles de l'Eſcu, de Runefaou.

12. Janvier 1724.

Louis-Jean-François de Langle, de Beaumanoir.

19. Janvier 1724.

Julien de la Bourdonnaye, de Coetcandec.

28. Avril 1724.

Joſeph-François-Marie Boileſve, de Chamballan.
Claude-Marie de Langle, de Coetuhan.

26. Septembre 1724.

François-Pierre Eveillard, de Livois, *Conſeiller & Commiſſaire.*

13. Octobre 1724.

Jean-Baptiſte-Céleſtin Ferron, du Guengo.

22. Novembre 1724.

Vincent-Guillaume de Moëlien.

28. Mai 1725.

René-Claude-Marie de Montbourcher, de la Maignane.

20. Juilllet 1725.

François-Nicolas-Gabriel de Caradeuc.

5. Avril 1726.

René-Joſeph-Fiacre Saliou, de Chef-du-Bois.

MESSIEURS,

18. Juillet 1727.

Anne-Maurice de la Rôche-Macé.

Jacques-François-René Huart, de la Bourbanſais.

30 Juillet 1727.

Charles-Pierre-Félicien du Merdy, de Catuelan.

20. Août 1728.

Jacques-Daniel-Annibal de Farcy, de Cuillé.

Charles-Joſeph Dandigné.

Pierre-Louis-Cyr le Roy, de la Potherie.

Jean-Baptiſte-Gabriel de la Foreſt, *Conſeiller & Commiſſaire.*

Jerôme-François de Lantivy.

6. Avril 1729.

Louis-Charles-Marie de la Bourdonnaye, de Montluc.

Joſeph-Amaury de la Bourdonnaye, de la Breteſche.

Antoine de Bec-de-Lièvre, du Bouexic.

11. Mai 1729.

Pierre-René-Eugene de Brilhac, de Gençay.

19. Août 1729.

Gabriel-Guillaume Heuzei, de Bréfontaine, *Conſeiller & Commiſſaire.*

29. Décembre 1729.

Louis-René Jacquelot, de la Motte.

Jean-François Jacquelot, du Bois-Rouvray.

René-Maurice du Bobril, du Molant.

27. Mai 1730.

Louis-François-Marguerite du Pont.

MESSIEURS,

11. Décembre 1730.

Nicolas-Louis de Plœuc.

René du Parc, de Keryvon.

16. Mars 1731.

Hilarion-François de Bec-de-Lièvre.

21. Novembre 1731.

François-Philipe-Camille de Farcy, d'Arquenay.

Pierre-Dénis Fabrony, *Conſeiller & Commiſſaire.*

Charles-Thomas-Marie de Morant.

Jean-François le Vicomte, de la Houſſaye.

20. Juin 1732.

Henry-Louis-Claude le Chat, de Vernée.

Olivier-Joſeph le Gonidec, de Traiſſant.

Touſſaint-Maurille le Bigot, de Neubourg.

1. Juillet 1732.

Jean-Baptiſte le Febvre, de la Brulaire.

20. Août 1732.

François-Henry le Noir, de Carlan.

Mathurin-Olivier-Étienne de Roſily.

29. Décembre 1733.

François-Anne le Gouvello, de la Porte.

11. Mars 1734.

René-Nicolas Trouillet, de la Bertière, *Conſeiller & Commiſſaire.*

1. Décembre 1734.

Anónime de Caradeuc, de Keranroy.

Claude-François-Marie du Pont, d'Eſchuilly.

MESSIEURS,

20. Décembre 1734.

Martin Boux, de Saint Mars.

Jean-Marie de Trevelec, de Kerolivier.

1. Février 1735.

Guillaume-François de la Noue.

Louis-François de Foucher.

Jean-Guillaume de Kerroulas.

28. Juin 1735.

Louis-Marie-Joseph de le Gall, de Cunffiou de Menoray.

23. Août 1735.

Jean-François de Grimaudet, de Gazon.

22. Décembre 1736.

Jean-René Geffroy, de la Villeblanche.

Guillaume de Guichardy, de Martigné.

7. Juin 1737.

René-Jean Bonin, de la Villebouquay.

Olivier-Gabriel le Borgne, de Coëttivy.

9. Août 1737.

Louis Charette, de la Gascherie.

18. Août 1738.

Charles-Élisabeth de Grimaudet, de la Marche.

Olivier-Anne-Marie Gibon, du Pargo.

Georges-Jean de Talhouet, de Brignac.

Julien-René de Bégasson.

9. Décembre 1738.

Charles-Robert de Cezy, de Kerampuil.

11. Décembre 1738.

Louis-Jacques Picquet, de Montreuil, *Conseiller & Commissaire.*

MESSIEURS,

12. Décembre 1738.

Jacques-Louis Berthou, de Querverzio.

Claude-Alexandre-Malo Guerry, *Conſeiller & Commiſſaire.*

Achille-Ferdinand-François du Guiny, de Kerhos.

10. Janvier 1739.

Jean-Jacques de Talhouet, de Bonamour.

23. Novembre 1739.

René-Armand de Talhouet, de Sévérac.

Jean-Baptiſte-Claude-Marie du Pleſſix, de Grenedan.

Jean-François Euzenou, de Kerſalaun.

27. Juin 1740.

Jean-Amaury de Gouyon, de Nortz.

Jacques-Joſeph-René de Kerouatz, de Lomenven.

23. Août 1740.

Louis-Michel du Guiny, de Porcaro.

13. Mars 1741.

Pierre-Joſeph de Francheville, *Conſeiller & Commiſſaire.*

30. Juin 1741.

Claude-Joſeph de Kermarec, de Traurout.

18. Août 1742.

René-Jacques-Louis le Preſtre, de Châteaugiron.

François-Gabriel du Poulpiquet, de Kermen.

Charles-François-Iſaac du Bois-Péan.

Jean-Baptiſte-Paul le Febvre, de la Brulaire.

18. Mars 1743.

Louis-Marie de Sarrant.

26. Juin 1743.

Pierre-Baptiſte-Louis Charpentier, de Lennevos.

MESSIEURS,

21. Août 1743.

Marie-Joseph Freslon, de la Freslonnière.

24. Janvier 1744.

Henry-Augustin du Verdier, de Genouillac.

Jean-Louis-Auguste Trouillet, de l'Echasserie.

21. Août 1744.

François-Julien-René-Jean de Grimaudet, de la Roche-Bouet

Gilles-René Conen, de Saint Luc

22. Août 1744.

Louis-Henry de la Forest, d'Armaillé.

4. Décembre 1744.

Jean-Baptiste Jouneaux, du Breil-Houssoux.

16. Décembre 1744.

Théodore-Jean-Baptiste de Ravenel, du Boisteilleul, *Conseiller & Commissaire.*

13. Août 1746.

Augustin du Fresne, de Virel.

23. Novembre 1746.

Joseph-Silvain-Toussaint-Marie de la Noue, de Bogard.

24. Décembre 1746.

Jacques-Annibal-Gabriel de Farcy, de Tresseaul.

Louis-Jacques de la Bourdonnaye, de Blossac, *Conseiller & Commissaire.*

Charles-François-René Dandigné, de la Chasse.

24. Juillet 1747.

Louis de la Motte d'Aubigné.

24. Novembre 1747.

Pierre-Paul-Jean-Baptiste Boucault, de Méliant.

MESSIEURS,

28. Juin 1748.

François-Dominique-Joſeph du Bois-Baudry.

4. Mars 1749.

Jean-Baptiſte Blanchard, du Bois de la Muſſe.

24. Mai 1749.

Auguſte-Félicité le Preſtre, de Châteaugiron.

13. Juin 1749.

Armand-Paul Fourché, de Quéhillac.

14. Juillet 1749.

Jerôme-Louis Charpentier, de Kerronic.

21. Janvier 1750.

Paul-Chriſtophle-Céleſte de Robien, *Conſeiller & Commiſſaire.*

26. Février 1750.

Jean-Baptiſte-Annibal-René de Farcy, de Muée.

14. Août 1750.

Julien-Hilarion-Jerôme de Lantivy, du Reſt.

Philipe-Quintin Lingier, de Saint Sulpice.

12. Mars 1751.

Jean-Louis-Anaſtaſe Jouneaux, du Breil-Houſſoux.

18. Mai 1751.

Claude-Gilles de Langle, *Conſeiller & Commiſſaire.*

6. Mars 1752.

Bernard-Louis-François du Bouexic, de Pinieuc.

9. Août 1752.

Jacques-Thomas de l'Eſpronniere, de Vritz.

MESSIEURS,

MESSIEURS,

MESSIEURS,

MESSIEURS,

MESSIEURS,

GENS DU ROY.

AVOCATS GÉNÉRAUX.

MESSIEURS,

Jean Provoſt, *ancien Avocat Général du Roi.*

4. Août 1554.

Michel Deſſefort.

10. Septembre 1555.

Claude Barjot.

4. Février 1556.

Jean de Mezuillac.

6. Février 1566.

Jacques Goureau.

6. Octobre 1568.

Jean Rogier.

23. Août 1575.

Pierre le Gouz.

15. Février 1586.

Yves Toublanc.

3. Janvier 1597.

François Buſnel, *reçu Conſeiller le 23. Octobre 1591.*

30. Juin 1607.

Marc le Duc.

7. Juillet 1618.

Paul Hay, du Chatelet, *reçu Conſeiller le 21. Avril 1616.*

29. Novembre 1623.

René de Montigny.

28. Juin 1630.

Jacques Buſnel.

MESSIEURS,

6. Septembre 1642.

René de Kerverien.

7. Janvier 1653.

François de Montigny, de Beauregard.

23. Avril 1660.

Gilles du Bois-Baudry, de Langan.

11. Août 1678.

Daniel de Francheville.

18. Juillet 1681.

Eusebe le Lièvre, *reçu Conseiller & Commissaire le 22. Décembre 1668.*

15. Février 1691.

Pierre de Francheville, *reçu en survivance de M. Daniel de Francheville son frere.*

11. Janvier 1697.

Jacques-Eusebe le Lièvre, de la Villeguerin.

28. Juin 1715.

Jean-Baptiste-Joseph de Francheville.

22. Mai 1730.

Louis-René de Caradeuc, de la Chalotais.

3. Décembre 1740.

Louis-René-François Porée, du Parcq.

29. Janvier 1753.

Auguste-Félicité le Prestre, de Châteaugiron, *reçu Conseiller le 24. Mai 1749.*

PROCUREURS GÉNÉRAUX.

MESSIEURS,

3. Août 1554.

Jacques Budes.

26. Août 1581.

Jean Rogier.

18. Juillet 1590.

François Rogier.

17. Mai 1603.

Jean-Jacques le Febvre, des Rouſſières.

23. Mai 1612.

Claude de Marbeuf, de la Pilletière.

25. Septembre 1618.

Chriſtophle Fouquet, *reçu Conſeiller le 14. Juin 1617.*

14. Octobre 1631.

Gilles Huchet, *reçu Conſeiller & Garde-Scel le 12. Février 1626.*

20. Octobre 1650.

André Huchet, *reçu Conſeiller le 29. Mai 1648.*

21. Juin 1674.

Charles Huchet.

14. Août 1710.

Charles Huchet, de la Bédoyère, *reçu Conſeiller le 15. Janvier 1707.*

21. Juin 1752.

Louis-René de Caradeuc, de la Chalotais, *reçu Avocat Général le 22. Mai 1730.*

GREFFIERS EN CHEF CIVILS.

MESSIEURS,

2. Août 1554.

Gilles Julienne, *Maître des Requêtes de l'Hôtel de la Reine.*

10. Février 558.

François du Plessix.

6. Janvier 1570.

Guillaume Gaudin.

6. Mars 1586.

Pierre Gautier.

30. Mars 1590.

Yves Gautier.

17. Octobre 1594.

Pierre Courriolle.

13. Janvier 1657.

Pierre Monneraye, *ancien Conseiller au Présidial de Rennes.*

7. Mars 1657.

Gilles Malescot.

27. Septembre 1684.

Jean Picquet, de la Motte.

5. Février 1705.

Charles-Marie Picquet, de Montreuil.

15. Mars 1740.

Louis-Claude-Marie Picquet, du Boisguy.

GREFFIERS EN CHEF CRIMINELS.

MESSIEURS,

4. Août 1554.

Guillaume Harrouys.

22. Août 1569.

Jean de Feſcan.

3. Mars 1586.

Iſaac Repichon.

13. Avril 1589.

Jean Menguy.

8. Janvier 1601.

François Huart.

15. Novembre. 1623.

Jean Henry.

20. Août 1640.

Guy Aulnette.

1. Juillet 1671.

Jean le Clavier.

24. Mai 1683.

Jean-Baptiſte le Clavier, du Bois-Bide.

9. Septembre 1720.

Léger Imbault.

8. Juillet 1751.

Joſeph-René-Jacques Blain, de Saint Aubin.

GREFFIERS EN CHEF AUX ENQUÊTES.

MESSIEURS,

31. Mai 1670.

Gilles Courtoys.

12. Décembre 1684.

Yves Courtoys.

20. Novembre 1724.

Yves-René-Louis Courtoys.

GREFFIERS EN CHEF AUX REQUÊTES

MESSIEURS,

27. Octobre 1581.

Jacques le Pigeon.

26. Août 1585.

Abel de Gréal.

15. Décembre 1609.

Jean Henry.

Février 1642.

Guillaume Duliepvre, de la Thebaudais,

18. Août 1673.

Jean le Moyne.

12. Octobre 1701.

Jean de Miniac.

MESSIEURS,

12. Octobre 1709.

Joseph Prioul, du Hautchemin.

30 Avril 1736.

René-Hyacinthe Prioul, du Hautchemin.

GREFFIERS EN CHEF GARDE-SACS

MESSIEURS,

11. Août 1700.

Jean-Bonaventure le Lay, de la Villemarec.

21. Août 1719.

Toussaint Cillart.

24. Mars 1720.

Jean-Bonaventure-Toussaint Cillart.

TABLE ALPHABÉTIQUE DES NOMS.

A.

B.

C.

D.

E

F.

G.

H.

J

K.

L.

M.

N.

O

P

V.

www.ingramcontent.com/pod-product-compliance
Ingram Content Group UK Ltd.
Pitfield, Milton Keynes, MK11 3LW, UK
UKHW020334180726
13839UKWH00002B/717

9 782329 613000